Zähnchen, Zähnchen, auf das Dach!

Text und Illustration

Liu Xun

Aus dem Chinesischen übersetzt von Leonie Weidel

Edition Bracklo

Heute Nachmittag hatte ich einen Traum.

Im Traum verwandelte ich mich in eine Taube und zog Kreise über einem Meer von dunklen Dachziegeln.

Ich sah viele alte Häuser dicht an dicht zusammengekuschelt.

Ich war so aufgeregt, dass ich im Schlaf mit den Zähnen geknirscht habe.

Als ich wach wurde, schmeckte ich ein wenig Blut. Und da war ein kleines Ding in meinem Mund. Ich nahm es heraus und sah gleich: Der Vorderzahn, der schon so lange gewackelt hatte, war mir endlich ausgefallen.

Opa sagt immer, wenn einem der erste Milchzahn ausfällt, soll man ihn so schnell wie möglich aufs Dach werfen. Dann wächst man und wird später ganz groß.

„Opa …, Opa …!" Wo ist Opa nur?

Ach ja richtig, Opa hat gesagt, er will sich heute die Haare schneiden lassen.
Der Friseurladen von Onkel Liu ist ganz nah in der Gasse. Ich gehe jetzt Opa suchen.

Um diese Zeit ist die Gasse wie eine träge kleine Katze, sie schläft noch tief und fest. Ich muss mich ganz leise bewegen.

Die kleine Gasse ist gerade und eng. An den Mauern wohnen Tiere und wilde Menschen. Aber ich weiß, die kommen erst in der Nacht herunter, um in den Gassen ihre Späße zu treiben.

„Tiger, Tiger, schau mal, mein Zahn ist ausgefallen." Ich zeige dem Tiger an der Wand meinen kleinen Zahn.

„Ukalala, Balala, und die Fee verwandelt sich!", ruft Guoguo von oben,
„Niuniu, komm ins Feenschloss spielen!"

„Das geht nicht, Guoguo. Mein Zahn ist ausgefallen! Ich muss Opa suchen",
antworte ich, „ich kann jetzt nicht spielen."

Erste Stimmen und Geräusche klingen die Gasse entlang.

Die Gasse wacht auf.

In der Gasse flattert überall bunte Wäsche.

Eine Tür nach der anderen öffnet sich. Einige Leute kommen aus ihren Häusern.
Sie unterhalten sich mit ihren Nachbarn. Kinder springen herum und ihre langen
Schatten mit ihnen.

Ich erzähle vielen Leuten von der großen Neuigkeit, dass mein Zahn herausgefallen ist, denn in der Gasse habe ich viele Freunde. Hier wohnen die schöne Schneiderin und ihre Tochter, der Onkel, der aussieht wie der gütige Buddha, der Opa, der Messer schleift und dem genau wie mir ein Zahn fehlt, und ein großer schwarzer Hund, der zum Haushalt von Onkel Wang gehört.

Opa sagt, die Gasse ist so wie ein richtig großes Zuhause.

Traumhafte Fische schwimmen mir in der Gasse entgegen. Die Leute tragen sie in sauberen Schüsseln und Gläsern zurück nach Hause.

Eine kleine Blechtonne dreht sich über Wangwangs Feuer. Mein Herz springt im gleichen Takt wie das Popcorn darin. Warte nur, gleich wird es einen lauten Knall geben – bumm – und in der Gasse werden sich ein dicker Nebel und ein köstlicher Wohlgeruch ausbreiten.

Da ist der Friseurladen von Onkel Liu.

„Opa, Opa, mein Zahn ist ausgefallen!" Ich muss kichern. „Aber Opa, warum siehst du denn aus wie eine Braut?"

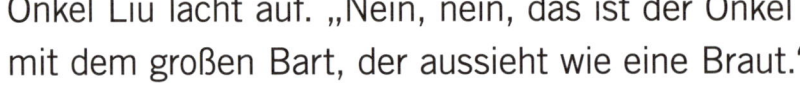

Onkel Liu lacht auf. „Nein, nein, das ist der Onkel mit dem großen Bart, der aussieht wie eine Braut."

„Kleine Niuniu, dein Opa ist doch beim alten Brunnen und sieht Opa Ding und den anderen beim Schachspielen zu", erklärt mir der Onkel mit dem großen Bart.

„Großbart-Onkel, in Zukunft muss ich dich Onkel-ohne-Bart nennen." Ich finde den Onkel mit dem großen Bart sehr lustig, so wie er jetzt aussieht.

Ich mache mich schnell zum alten Brunnen auf, und tatsächlich, genau da ist Opa. „Opa, mein Zahn ist ausgefallen. Komm schnell, komm schnell, lass uns gehen und den Zahn hochwerfen!"

In der Gasse beginnen zum Feierabend die Fahrräder zu summen und zu surren.
Opa nimmt mich auf dem Weg nach Hause an die Hand.

Ein Straßenverkäufer nach dem anderen ruft seine Waren aus. Zusammen umspülen uns ihre Rufe wie Wellen. Der Luftballonverkäufer da steht halb in der Hocke, damit er nicht wie eine Wolke auf und davon schwebt. – Das hat er mir selbst erzählt.

Autos kriechen die Gasse entlang wie glitzernde Käfer. Es scheint ein wenig eng für sie zu sein. Wir sind wie kleinere Käfer, müssen gut achtgeben und um sie herum gehen.

„Opa, warum sind denn in letzter Zeit an den Mauern so viele dieser roten Zeichen im Kreis aufgetaucht? Das sieht doch nicht gut aus."
Ich weiß wirklich nicht, warum in der letzten Zeit dieses Schriftzeichen überall an den Wänden auftaucht.

„Also, Niuniu, dieses Zeichen bedeutet, dass unsere Gassen bald abgerissen werden sollen, und dann werden hier neue Hochhäuser gebaut. Es ist wie mit dem Zahn, der dir ausgefallen ist. Ein neuer Zahn wird sehr bald nachwachsen."

„Opa, ist es so wie bei Kindern, die mit Bauklötzen spielen? Was fertig gebaut ist, nimmt man wieder auseinander, um dann wieder von vorn anzufangen?"

„Hmhm, das wird dann eine andere Art von Leben", murmelt Opa.

Mein Zahn fliegt in einem schönen großen Bogen durch die Luft
und fällt weich auf das Dach, auf dem grünes Gras wächst.

„Kleine Niuniu, da oben sind schon der Vorderzahn von mir und
der von deinem Papa.

Niemand in unserer Familie liebt Kinder mehr als das alte Haus.
Es behütet jeden kleinen Grashalm, der aus den Ritzen der
Dachziegeln sprießt, und es wird auch auf den kleinen Zahn
unserer Niuniu aufpassen, Niuniu beschützen und segnen,
auf dass sie wachse und groß werde."

Die Sonne hat sich hinter dem niedrigsten Haus versteckt. Opa sagt, zu dieser Zeit denken alle alten Häuser immer über den Tag nach, den sie gerade erlebt haben.

Von weit her hört man undeutlich Maschinen grollen und rumpeln. Werden diese seltsamen Wesen mit den langen, langen Hälsen unsere Freunde, die alten Häuser in ihren gebrauchten Kleidern, mit sich fortnehmen? Und werden die großgewachsenen Wolkenkratzer in ihrer glitzernden Kleidung morgen weit ausschreiten und bis zu uns kommen?

Sanft und leise sage ich zum alten Haus: „Altes Haus, bitte pass unbedingt gut auf meinen Zahn auf."

Liu Xun

Liu Xun aus Nanjing studierte Kunsthandwerk und arbeitete im Bereich Design und Animationsfilm-produktion. Aufgrund ihres großen Interesses an Ölmalerei studierte sie nach vielen Jahren Berufstätig-keit an der chinesischen Zentralakademie der Bildenden Künste, und ihre Werke wurden in nationalen Ausstellungen mit zahlreichen Preisen ausgezeichnet.

Seit der Geburt ihrer Tochter begann sie sich intensiv mit Bilderbüchern auseinanderzusetzen und an deren Entstehung in der Hoffnung mitzuwirken, alles von ihr Gelernte an Kinder weitergeben zu können. Ihre Tochter war das Vorbild für die Zeichnungen der kleinen Niuniu.

Die chinesische Originalausgabe des Buches aus dem Jahre 2014 wurde ausgezeichnet mit dem *Feng Zikai Book Award 2015*, dem *Outstanding Chinese Children's Picture Book Award*.

2019 wurde Liu Xun anlässlich der deutschen Erstauflage des Buches *Zähnchen, Zähnchen auf das Dach!* als Ehrengast zum internationalen Jungendliteraturfestival nach Berlin eingeladen.

NACHWORT

Altes Haus, bitte pass gut auf den Zahn auf.

Am Jahresanfang erhielt ich die Aufgabe, den Wandel in der Stadt darzustellen. Im Frühling begann der erste Milchzahn meiner Tochter zu wackeln – das stieß den Gedankengang an, der zu diesem Buch führte. Im April begab ich mich in die Altstadt von Nanjing, um Material zu sammeln. Die Gassen hier waren kaputt und alt, aber gleichzeitig friedlich und ruhig. Im Juni fiel der Vorderzahn meiner Tochter aus und ich begann zu schreiben. Wieder ging ich an denselben Ort, aber nur mehr wenige alte Gassen waren vorhanden, der Rest war eine große Ruine. Aus den zerstörten Mauern strömten die Geheimnisse vieler Familienleben …

Ich möchte mit diesem Bilderbuch zeigen und beschreiben, was sich jetzt gerade ereignet. Unsere Stadt ist jeden Tag im Wandel, und die alte Lebensweise wird nicht wieder zurückkehren, ganz so wie die ausgestorbenen Lebewesen dieser Erde. Ich denke, dieses Bilderbuch zu malen ist ein wenig so, wie das aufzuzeichnen, was jetzt gerade im Leben vergeht und verstreicht. Meine Aquarell-Farben streichen die Gassen in Grau, dann wieder ist mir der Bleistift zur Hand, um die Textur und Farbzusammenstellung der Mauern zu verstärken. Die hellen Farben in jedem Bild sind wie eine große Schwester, die ein rotes Kleid trägt. Die Leser können ihren einzelnen Schritten folgen, die Szenen in der Gasse mitverfolgen und spüren. Das Leben in der Altstadt ist langsam und voll Muße, die Menschen sind einander sehr nah. Niuniu verliert ihre Milchzähne und bekommt neue, sie ist nun ein großes Kind und wird sicher gut auf die kostbaren Erinnerungen der alten Gasse aufpassen. Ganz so, wie auch das alte Haus bestimmt gut auf ihren Zahn achtgeben wird.

Liu Xun

Stimmen zum Buch

„Es ist heutzutage ein gewohnter Anblick: Die alten Häuser sind im Begriff zu verschwinden. Die Geschichten in den alten Gassen stehen kurz vor ihrem Ende.

Die Menschen, die dort leben, sind voll Erwartung und Freude, aber sie hängen auch an den Gassen mit ihren Geschichten, wollen sich nicht von ihnen trennen."

Yu Yu, Kinderbuchautorin

1. Auflage, 2019
Copyright © Edition Bracklo – Gabriela Bracklo, Gräfelfing, 2019

Die chinesische Originalausgabe erschien 2014 unter dem Titel *YÁCHǏ, YÁCHǏ, RĒNG WŪDǏNG (Tooth, Tooth, Throw it onto the Roof)* beim Verlag CHINA WELFARE INSTITUTE PUBLISHING HOUSE Co., Ltd., Shanghai, VR China
Copyright © 2014 LIU Xun

Text und Illustration: Liu Xun, Shanghai – Volksrepublik China
Übersetzung: Leonie Weidel, Peking – Volksrepublik China
Lektorat: Ute Löwenberg, Düsseldorf
Grafik: Stefanie Stroh, Stuttgart
Produktion: Offsetdruckerei Karl Grammlich, Pliezhausen | Printed in Germany

ISBN 978-3-946986-05-8
www.edition-bracklo.de